I Can Say No © 2021 Jenny Simmons and Kristin Sorra.
Original English language edition published by National Center For Youth Issues 6101
Preservation Drive, Chattanooga TN 37416, USA.
Arranged via Licensor's Agent : DropCap Inc.
All rights reserved.

Korean Translation Copyright © 2022 Totobook Publishing Co.
This Korean translation is published by arrangement with
National Center For Youth Issues through Icarias Agency, Seoul.

처음 배우는 동의

싫다고 말하자!

제니 시몬스 글 · 크리스틴 쏘라 그림 · 노지양 옮김

토 북

이 세상 모든 어린이들에게

가장 소중한 자신을 위해
필요한 순간에 "싫어." 하고
말할 수 있는 용기를 내요!

우리에게도 끝내주는 초능력이 있을까?
물론이지!
하늘을 날거나 벽을 통과하는 능력은 아니야.
망토를 두르거나 쫙 달라붙는 옷도 필요 없어.

초능력보다 훨씬 **대단한** 거야.

천하무적이 되는 것도 아니고,
잘 다루려면 연습이 필요하지만
내 일을 내 뜻대로
결정할 수 있는 힘을 주거든.

이건 아주 짧은 단어야.
쉽고 단순한 말이지만
목소리에 힘을 담아 말하면,
너도 강한 사람이 될 수 있어!

음…….

말해도 될까…….

처음에는 시시할 정도로 쉬워 보일지 몰라.
하지만 입 밖으로 꺼내기는 생각보다 어려울걸?

뭔지 정말 궁금하다고?
나에게 새로운 힘을 준 그 말은
바로 이거야!

말이 안 나와!

싫어

바로 이 말이야. 나는 **"싫어."** 라고 말할 수 있어.

보고 싶지 않으면, 싫다고 말할 수 있어.

난 안 볼래!

개봉 예정!

현재 상영 중

핼러윈의 밤

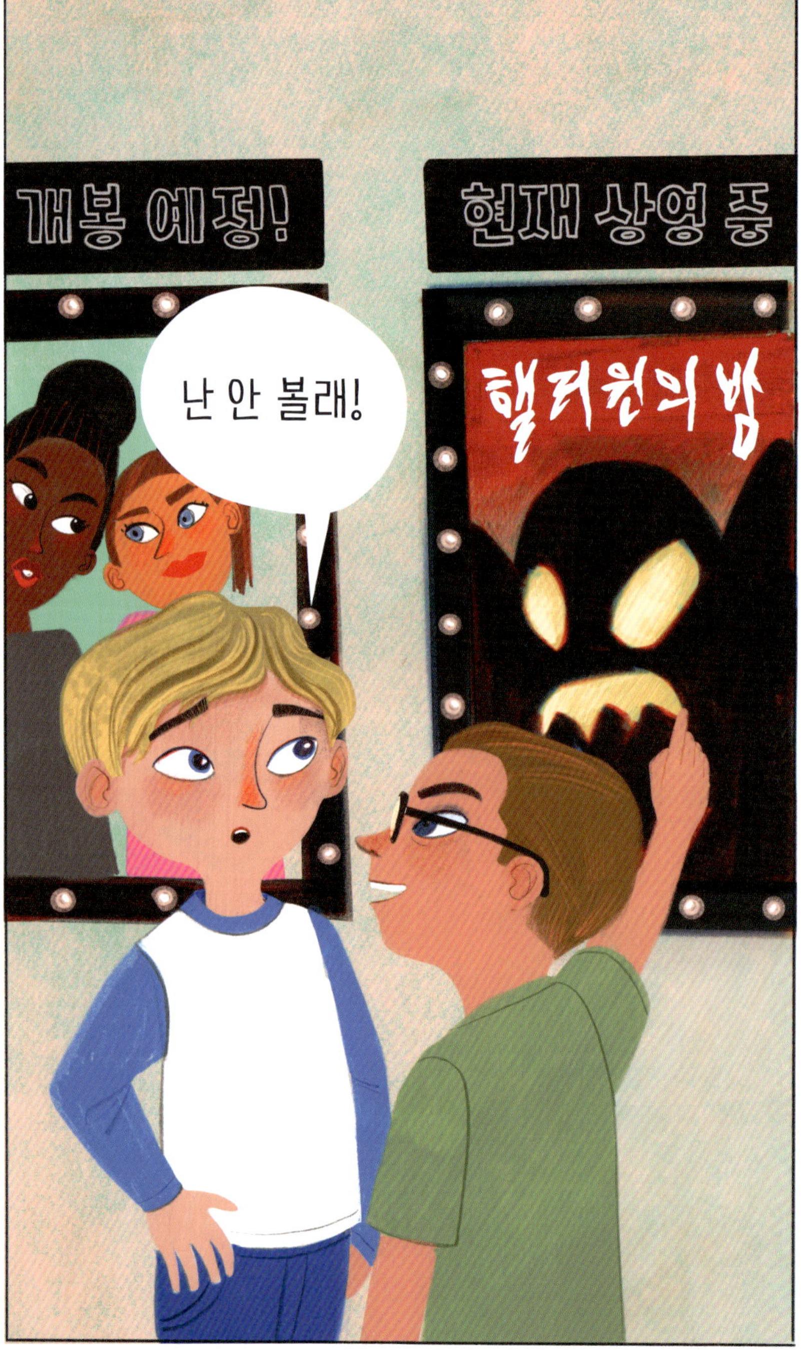

타고 싶지 않으면, 싫다고 말할 수 있어.

아니, 난 스케이트보드를 타려고.

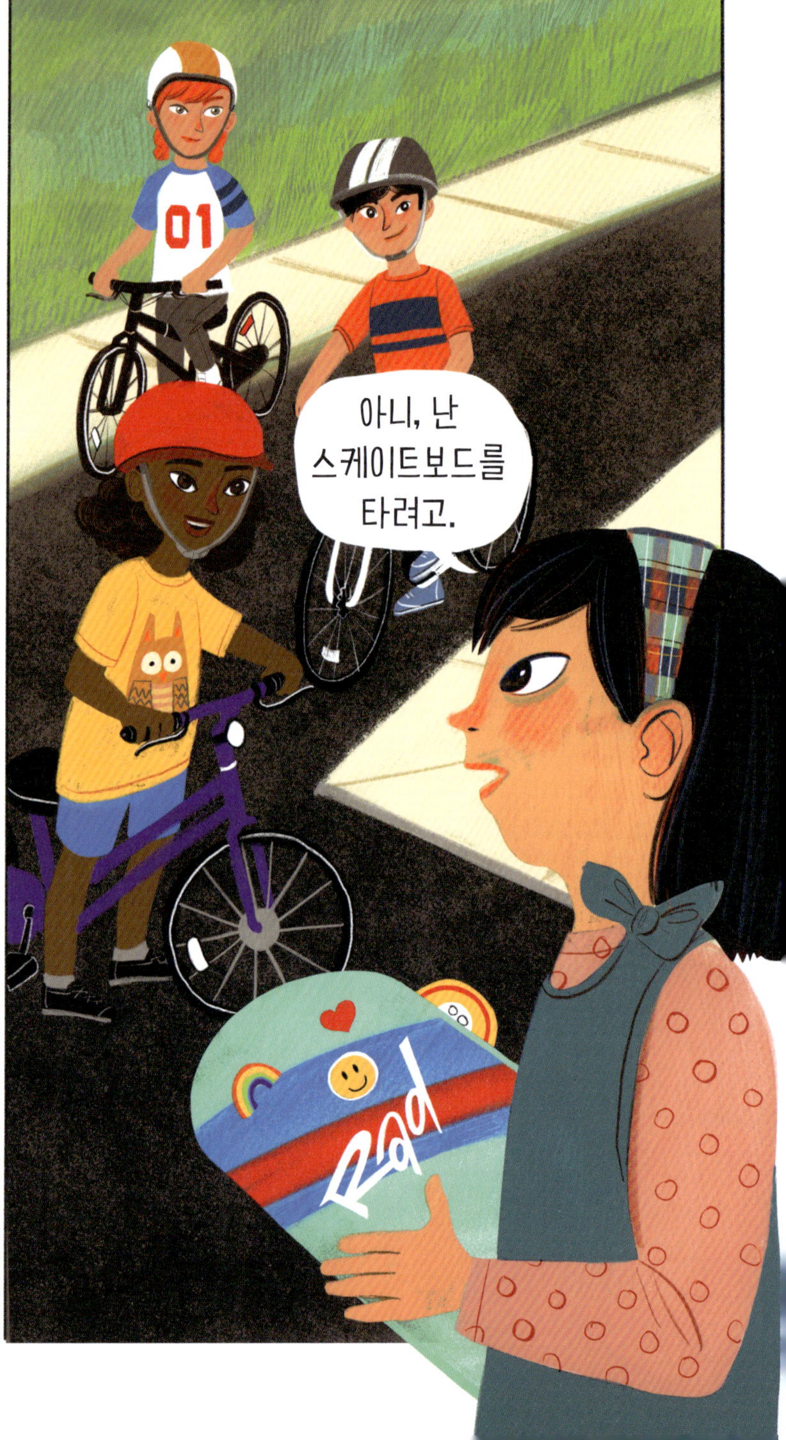

이렇게 말할 수도 있어. "아니! 네 말은 사실이 아니야."
이렇게 말할 수도 있어. "그러지 마! 기분이 좋지 않아."

이렇게도 말할 수 있어.
"잠깐! 조금만 떨어져 줄래?
너무 가까이 다가오면 불편해서 그래."

어떤 애가 심술궂게 말할 때가 있어. "쉬는 시간에 쟤 빼고 놀자."
이럴 땐 남들 하는 대로 따라야 할 것만 같아.
속으로는 하기 싫지만 친구들과 어울리고 싶으니까.
하지만 나는 이렇게 말하려고 노력해. "안 돼. 다 같이 놀아야 해."

시간을 내기 어려울 때도 싫다고 말할 수 있어.
관심이 생기지 않으면? 싫다고 말해도 돼. 괜찮아.
여러 가지 이유로 하고 싶지 않다면 싫다고 말하면 돼.
내 마음을 보살피고, 내 믿음을 지키기 위해서.

바로 이렇게. "하지 마!"
"너와 생각이 다르다고 헐뜯는 건 싫어."
"너와 생김새가 다르다고 차별하는 건 나빠."
"너와 사는 모습이 다르다고 비웃는 건 안 돼."

수학 문제를 틀렸다고 해서
바보 같다는 생각이 든다면
그 생각에 대고 이렇게 말해.
"아니. 절대 그렇지 않아!"

겁이 나서 해 보기도 전에
포기하고 싶어지면 이렇게 말해.
"아니. 할 수 있어. 난 용감하니까."

난 못 해!
으아아아!
재밌다!

친구들을 일부러 피해 다니지 않아도 돼.
아프다고 거짓말하거나, 가족 여행을 간다고 하지 않아도 돼.
변명하고, 사과하고, 엉뚱한 핑계를 댈 필요 없어.
내가 싫다면 싫은 거니까. 애써 설명하지 않아도 돼.

물론 "싫어." 하고 말할 수 없을 때가 있어.
그건 꼭 해야만 하는 일이라면 말이야.
이를테면 주사를 맞아야 하거나 숙제나 청소를 해야 할 때!
엄마가 이렇게 말하시면 피하기 어렵지.

이게 방이니, 얼른 청소해!

싫다는 표현은 다양하게 할 수 있어.
크게 외칠 수도 있고, 작게 속삭일 수도 있어.
단호하게 말할 수도 있고, 부드럽게 말할 수도 있어.

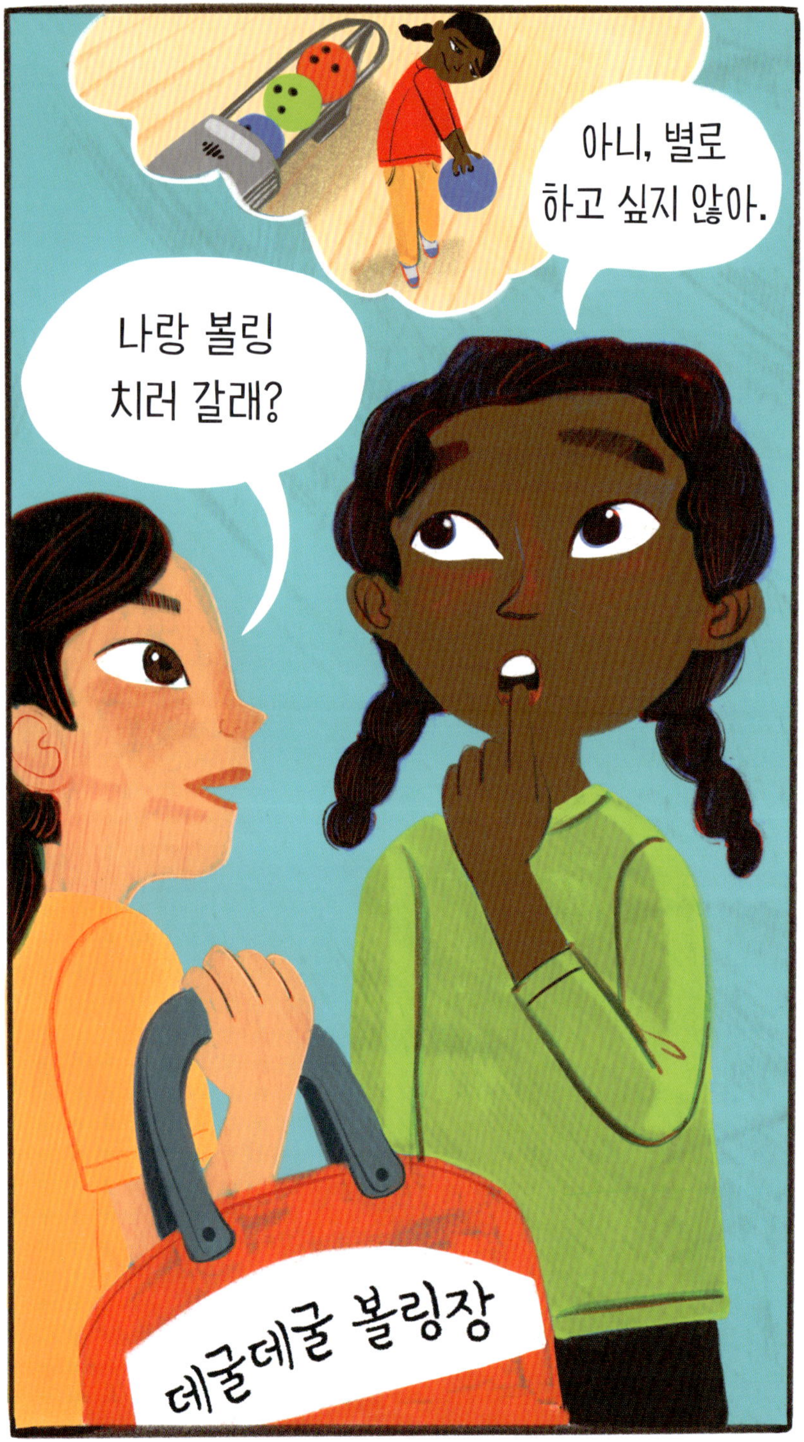
나랑 볼링
치러 갈래?
아니, 별로
하고 싶지 않아.
데굴데굴 볼링장

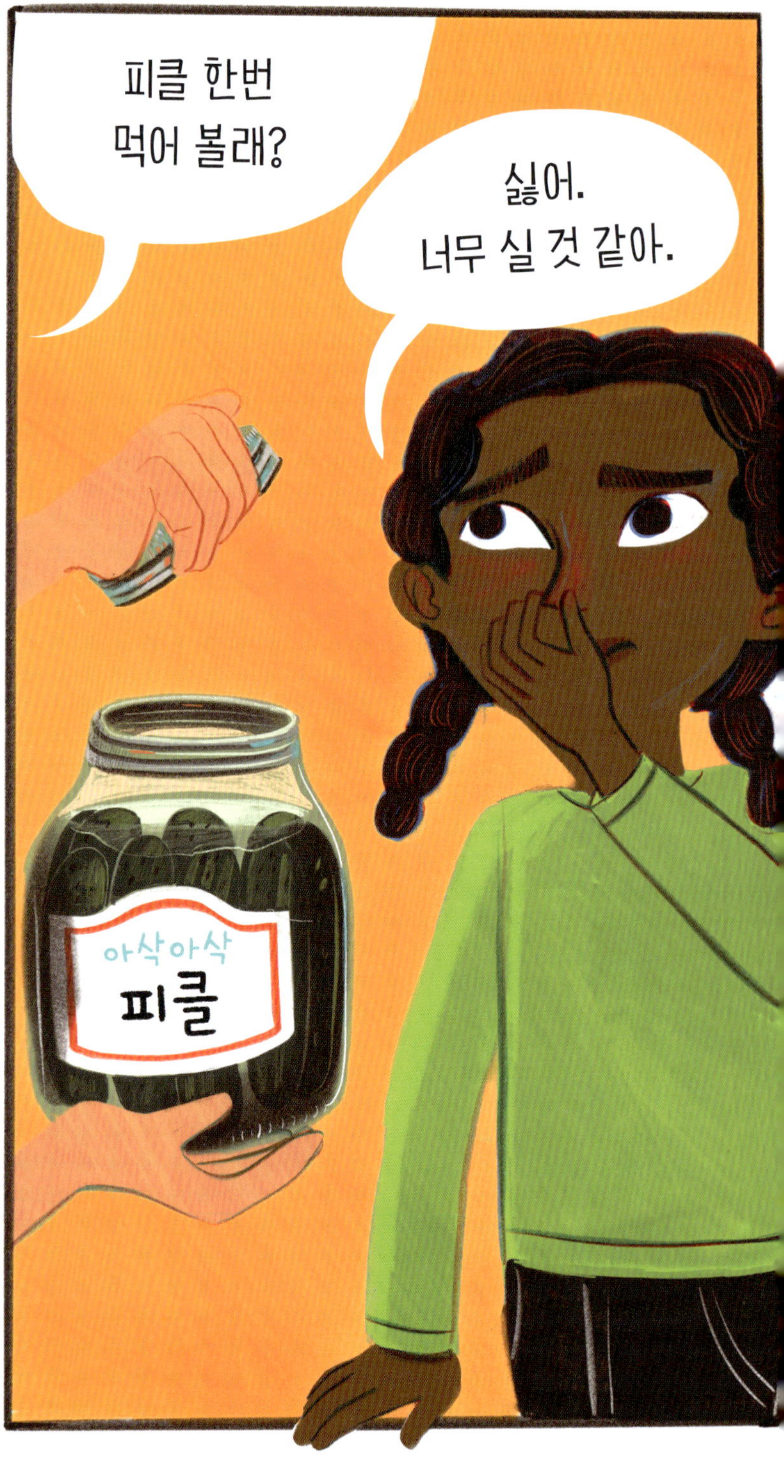
피클 한번
먹어 볼래?
싫어.
너무 실 것 같아.
아삭아삭
피클

누군가 잘못된 행동을 하는 걸 봤을 때
나서서 막으려면 큰 용기가 필요해.
하지만 안 되는 건 안 된다고 말할 때마다
네 안의 힘이 더 강해지는 걸 느끼게 될 거야.

알아, 지금 당장은 누군가를 실망시키고 싶지 않을 수 있어.
거절한다고 화를 내는 사람도 있겠지. 당연히 기분이 좋지 않을 거야.

하지만 그건 너의 잘못이 아니야. 다른 사람의 감정까지 책임질 순 없어.
네가 다스릴 수 있는 건 오직 네 행동과 감정뿐이야.

거절하는 건 스스로를 지키는 거야. 내 에너지와 시간은 소중하니까.
내 꿈과 희망은 중요하니까. 누구도 대신해 줄 수 없는 나만의 것이니까!

마음이 시키는 대로 싫다고 당당하게 말할 수 있다면,
반대로 좋은 기회가 찾아왔을 때에도 기꺼이 좋다고 말할 수 있어.

거절을 해서 누군가를 실망시킬 수도 있어.
하지만 자신에게 솔직하지 못하면 스스로에게 실망하게 될 거야.

"아냐. 미안하지만 안 돼. 오늘은 너무 바빠.
물어봐 줘서 고마워!"
"난 별로 관심이 가질 않아.
그래도 날 생각해 줘서 고마워."

싫다고 말하는 건 나 자신을 존중하는 거야.
나의 자존감을 세우는 일이야.
힘이 되어 주는 말이고,
마음에 평화를 가져다주는 말이야.

거절이 힘든 친구들에게

"싫어!"라는 말에는 큰 힘이 들어 있어요. 누군가가 내 험담을 하거나 나를 무시하려고 할 때, 나의 동의 없이 불쑥 다가오거나 내 몸을 만지려 할 때, 혼자만의 시간을 방해할 때 그 행동을 멈추게 할 수 있지요. 마음속 불편한 감정을 당당하게 말하면 나를 위해서도, 세상을 위해서도 좋은 변화를 만들 수 있답니다.

* 왜 거절하는 말을 하기가 힘들까요?

싫다는 말을 유독 하기 어려워하는 친구들이 있지요? 그렇다면 왜 그런지 곰곰이 생각해 봐요. 원인을 알면 마음의 소리대로 말할 수 있는 방법을 찾을 수 있어요. 주변 사람들에게 도움을 청하는 것도 좋은 방법이에요.

- 내 의견을 주장하면 나를 싫어할까 봐 두려운가요?
- 다른 사람의 뜻에 맞추면서 사랑과 인정을 받아 왔나요?
- 다른 사람의 기분을 상하게 하는 것이 불편한가요?
- 나보다 다른 사람이 원하는 걸 먼저 해 주는 것이 습관이 되었나요?
- 싫다는 뜻을 표현했을 때, 늘 혼이 나거나 무시당했나요?

* 건강한 경계선을 만들어요!

저마다 자신이 편안함을 느끼는 정도가 달라요. 그 정도를 벗어나서 불편해지는 경계를 '경계선'이라고 해요. 경계선은 자신의 몸과 마음을 보호하는 울타리예요. 경계선은 사람마다 다를 수 있어요.

우리는 자신의 경계선을 존중받지 못할 때 불편함을 느껴요. 낯선 사람이 너무 가까이 다가오거나, 갑자기 몸을 만진다면 기분이 좋지 않아요. 가족이라도 노크 없이 방문을 벌컥 열면 화가 나지요. 어른 가족이 속옷만 입고 집안을 돌아다닌다면 보기 불편할 수도 있어요. 가까운 친구라도 내 허락 없이 내 물건을 함부로 만지고 사용하면 속상하지요. 친한 친구여도 장난으로 욕설을 하거나 머리카락을 잡아당기면 기분이 나쁘고, 내 사진을 내 허락 없이 친구들이 공유하는 건 싫어요.

이렇게 다른 사람이 내가 정한 경계선을 넘어와서 불쾌함을 느꼈을 때는 확실하게 싫다고 표현해야 해요. 그래야 나의 경계선을 지키고 보호받을 수 있어요. 당연히 다른 사람의 경계선을 존중하고 지켜 주려는 노력도 필요해요. 다른 사람의 물건 또는 신체를 만지거나 가까이 다가갈 때는 꼭 동의를 구해야만 하지요. 서로의 경계선을 인정할 때 우리는 사랑과 존중을 주고받을 수 있어요. 이러한 노력이 세상을 더욱 아름답고 건강하게 만든답니다.

보호자 가이드

이렇게 격려해 주세요!

- 만약 아이가 남에게 싫다고 말하는 걸 어려워한다면 이 말이 왜 어려운지 구체적인 이유를 물어보세요. 그 뒤에 숨어 있는 두려움을 함께 찾아요.

- 아이에게 창피를 주거나 아이의 두려움을 가볍게 여기지 마세요. 원하지 않는 것을 거절하는 일이 얼마나 어려운 것인지 충분히 이해한다고 말해 주세요. 그리고 터놓고 말하기 어려운 이야기를 말해 주어서 대견하고 자랑스럽다고 격려해 주세요.

- 두려움을 떨칠 수 있는 방법을 같이 고민해 주세요. 친구를 잃을까 봐 겁내는 것인지, 누군가를 실망시킬까 봐 두려운 것인지, 다시는 친구 무리에 어울리지 못할까 봐 그런 것인지 말이에요. 다만 거절 의사를 표현한 뒤의 결과는 누구도 확신할 수 없기에, 아이에게 부정적인 결과가 일어나지 않을 거라고 장담하시지 않는 편이 좋습니다. 결과를 두려워하는 대신, 싫다는 의사를 표현하고 싶은 '이유'를 상기시켜 주는 편이 좋아요.

- 아이에게 언제 싫다고 말해야 하는지 알려주세요. 어렵더라도 되도록 싫다고 느꼈을 때 바로 말하는 것이 중요하다고 알려 주세요.

- 아이와 같이 거절하는 연습을 해 봅니다! 아이들이 접할 수 있는 다양한 상황을 역할놀이로 만들어 봐요. 대화를 주고받으며 어른도 같이 싫다는 말을 하는 연습을 해 보세요. 아이가 자신감을 찾을 때까지 함께 연습합니다.

- 상대의 반응에 상관없이 자신의 판단을 고수하는 것이 왜 중요한지 상기시킵니다.

- "싫어!" 연습을 해 보도록 도와주세요. '싫어'를 적당한 시점에 올바로 사용하는 법을 배우려면 연습이 필요합니다. 친구들과 같이 '싫어 클럽'을 만들어서 자율적인 판단과 결정이 왜 중요한지 토론하면서 대답을 연습할 수 있습니다.

- 자신의 말과 행동으로 '싫다'는 의견을 표현해서 세상을 더 나은 곳으로 변화시킨 인물인 로자 파크스와 말랄라 유사프자이 이야기를 나눠 봅시다.

글 제니 시몬스

자기 변화의 힘을 믿는 가수이자 작가 그리고 두 딸의 엄마입니다. 지난 20년 간 미국 전역을 여행하면서 공연하고, 많은 사람들에게 희망과 창의성, 회복 탄력성이 있는 삶을 가꾸는 방법을 알렸습니다. 어린이들이 나만의 목소리로 솔직하면서도 남을 배려하는 건강한 경계선을 만들도록 돕고 있습니다.

그림 크리스틴 쏘라

미국 뉴욕 주 맨해튼에서 살고 있는 그림 작가입니다. 그림책을 비롯해 잡지, 온라인 게임, 포스터 등 다양한 매체에 그림을 그렸습니다. 그린 책으로 〈내 친구는 장애가 있어요〉 시리즈, 《버락 오바마》 등이 있습니다.

옮김 노지양

연세대학교 영어영문학과를 졸업하고 방송작가로 활동하다 번역가로 일하고 있습니다. 늘 새롭게 배우는 것들이 있어서 번역하는 일이 즐겁습니다. 《공룡 테라피》, 《동의》, 《걱정 덜어내는 책》, 《나쁜 페미니스트》, 《내 그림자는 핑크》 등 어른과 어린이를 위한 책 90여 권을 우리말로 옮겼습니다. 에세이 《오늘의 리듬》, 《먹고사는 게 전부가 아닌 날도 있어서》를 썼습니다.

처음 배우는 동의
싫다고 말하자!

1판 1쇄 발행 2022년 02월 10일 | 1판 6쇄 발행 2025년 11월 24일

글 제니 시몬스 | 그림 크리스틴 쏘라 | 옮김 노지양 | 펴낸이 이재일
편집 박선영 | 디자인 이정화 | 제작·마케팅 강백산, 강지연, 김주희
펴낸곳 토토북 | 출판등록 2002년 5월 30일 제2002-000172호
주소 04034 서울시 마포구 잔다리로7길 19, 명보빌딩 3층 | 전화 02-332-6255 | 팩스 02-6919-2854
홈페이지 www.totobook.com | 전자우편 totobooks@hanmail.net | 인스타그램 totobook_tam
ISBN 978-89-6496-463-7 77330

* 이 책의 한국어판 저작권은 이카리아스 에이전시를 통해 National Center For Youth Issues와의 독점 계약한 토토북에 있습니다.
* 저작권법에 의해 한국 내에서 보호를 받는 저작물이므로 무단 전재와 무단 복제를 금합니다.
* 잘못된 책은 구입하신 곳에서 바꾸어 드립니다.

제품명: 처음 배우는 동의 싫다고 말하자! | 제조자명: 토토북 | 제조국명: 대한민국 | 전화: 02-332-6255
주소: 서울시 마포구 잔다리로7길 19, 명보빌딩 3층 | 제조일: 2025년 11월 24일 | 사용 연령: 6세 이상

* KC 인증 유형: 공급자 적합성 확인 * KC마크는 이 제품이 공통안전기준에 적합하였음을 의미합니다.

⚠주의 아이들이 책을 입에 대거나 모서리에 다치지 않게 주의하세요.